# Inhalt

**Rohstoffsicherung - deutsche Industrieunternehmen gründen Allianz**

Kernthesen

Beitrag

Fallbeispiele

Weiterführende Literatur

Impressum

# Rohstoffsicherung - deutsche Industrieunternehmen gründen Allianz

*Robert Reuter*

## Kernthesen

- Nach der Europäischen Union und der Bundesregierung ergreifen nun auch die deutschen Industrieunternehmen Maßnahmen, um die künftige Rohstoffversorgung langfristig zu sichern.
- In einem ersten Schritt haben sich zwölf Unternehmen zusammengeschlossen und eine "Allianz zur Rohstoffsicherung" gegründet.
- Gleichzeitig nehmen die Bemühungen zu, Rohstoffe auch in Deutschland wieder

stärker abzubauen. Ein Beispiel ist das derzeit von der Deutschen Rohstoff AG erschlossene Zinnvorkommen in Sachsen.

# Beitrag

# Wettlauf um Rohstoffe

Die Versorgung mit Rohstoffen gestaltet sich für die deutsche Wirtschaft zunehmend schwierig. Der Grund ist die gesteigerte Weltmarktnachfrage durch expandierende Schwellenländer wie China, Brasilien oder Indien. Gerade China betreibt eine umfassende Rohstoffstrategie, indem es sich Vorkommen frühzeitig sichert und so den Wettbewerbern zuvorkommt. Deutsche Unternehmen beziehen ihre Rohstoffe zwar zu 80 Prozent aus heimischen Vorkommen. Gerade technologieintensive Branchen sind jedoch oft von speziellen Rohstoffen abhängig, die nur im Ausland zu bekommen sind. Hierzu zählen die sogenannten Seltenen Erden.

Die Bundesregierung hat auf die Herausforderung der Rohstoffsicherung bereits reagiert. So wurde die Deutsche Rohstoffagentur eingerichtet und zudem ein bilaterales Abkommen mit der rohstoffreichen Mongolei geschlossen. Gespräche mit Kasachstan über ein Rohstoffabkommen sollen im Gange sein. Doch auch die Unternehmen selbst starten jetzt Initiativen, um die Versorgung mit Rohstoffen sicherzustellen. Eine solche Maßnahme ist die kürzlich von zwölf Konzernen gegründete "Allianz zur Rohstoffsicherung". Mitglieder der Allianz sind Großkonzerne wie ThyssenKrupp, Evonik und BASF sowie größere Mittelständler. Konzeptioniert ist die Allianz als eine "global agierende, gewinnorientierte Rohstoffgesellschaft". Da noch viele Details ausgehandelt werden, soll die Allianz erst im nächsten Jahr die Arbeit aufnehmen. (1), (8)

## Langwierige Verhandlungen

Die gemeinsame Initiative der deutschen Industrie kam erst nach langem Zögern zustande. Vermutet wird, dass sich die Unternehmen bei ihrem eigenen Rohstoffeinkauf jeweils Vorteile gegenüber Wettbewerbern versprechen, die sie nicht in einer Allianz nivelliert sehen wollen. Auch wird darüber gestritten worden sein, wie viel Geld jedes Mitglied zahlen soll. Zeitungsberichten zufolge soll die ARS abgekürzte Allianz eine eigene Unternehmensleitung erhalten und in einem ersten Schritt vier Rohstoffvorkommen erschließen. Auch die Beteiligung an Großvorhaben sei denkbar. Als vorrangig definiert soll die Sicherung der Versorgung mit Seltenen Erden und Wolfram definiert worden sein. Koordiniert wird das Projekt vom Bundesverband der Deutschen Industrie (BDI). Die teilnehmenden Unternehmen erwarten, dass die Bundesregierung nicht so sehr Geld zuschießt, dafür aber als politischer Türöffner die Aktivitäten der ARS unterstützt. (1), (2)

## Kritische Versorgungslage bei kaum bekannten Elementen

Experten gehen davon aus, dass sich der Rohstoffbedarf der deutschen Wirtschaft in den nächsten Jahrzehnten schrittweise verändern wird. Beherrschende Faktoren sind sowohl die Erwerbskonkurrenz mit aufstrebenden Ländern als auch der technologische Wandel. Umwelt- und Klimaschutz sowie die mobile Kommunikation entwickeln sich in eine Richtung, in der auch solche Elemente des Periodensystems wichtig werden, die heute noch niemand braucht. Hinsichtlich einiger dieser neuen Rohstoffe bestehen beträchtliche Versorgungsrisiken, wie die KfW-Bankengruppe ermittelt hat. Demnach ist die deutsche Wirtschaft insbesondere bei den Metallrohstoffen und bei vielen Industriemineralien stark von Importen abhängig. Bei drei Rohstoffen ist die Versorgungslage laut KfW besonders kritisch. Dies sind die wenig bekannten

Elemente Antimon, Rhenium und Germanium. (3)

## Appell an die Industrie

Die KfW-Bankengruppe empfiehlt den deutschen Unternehmen, sich zukünftig stärker selbst um ihre Rohstoffversorgung zu kümmern. Die Lage ist dabei auch dadurch gekennzeichnet, dass wichtige und besonders seltene Rohstoffe nur in wenigen Ländern zur Verfügung stehen. So sind die viel zitierten Seltenen Erden beispielsweise hauptsächlich in China zu finden. Zudem ist das Recycling einiger kritischer Elemente nur sehr eingeschränkt möglich. Zukünftige Versorgungsengpässe sieht die KfW daher auch bei Chrom, Silber und Zinn. Ein Ausweg ist jedoch nicht nur, sich an Bergbauprojekten im Ausland zu beteiligen. Ein anderer Weg ist es, bestimmte Erze im Inland zu verarbeiten und so wichtige Nebenprodukte zu gewinnen. (3)

## Unterstützung durch die Deutsche Rohstoffagentur

Die seit einem Jahr bestehende Deutsche Rohstoffagentur hat angekündigt, mit der Allianz der Industrieunternehmen zusammenzuarbeiten. Die bei der Bundesanstalt für Geowissenschaft und

Rohstoffe angesiedelte Agentur macht damit deutlich, dass die Initiativen aus Wirtschaft und Politik zusammenfinden werden. Die Deutsche Rohstoffagentur warnt allerdings davor, kurzfristige Erfolge zu erwarten. Wenn heute ein Versorgungsengpass diagnostiziert werde, dauere es zehn Jahre, ehe der Bergbau beginnen kann. (1), (4)

## Umweltschutz als Problem

Sowohl die Deutsche Rohstoffagentur des Bundes als auch die Europäische Union sind bestrebt, den Rohstoffabbau innerhalb Deutschlands und Europas zu fördern, um so von Auslandslieferungen unabhängig zu werden. Stärkere Bemühungen im Rohstoffabbau innerhalb Deutschlands kollidieren allerdings zwangsläufig mit dem hierzulande stark betriebenen Umweltschutz. Experten monieren, dass in Deutschland zahlreiche Möglichkeiten für die Rohstoffgewinnung bestünden, diese aber nicht genutzt werden könnten, weil dem Umweltschutz prinzipiell Vorrang gewährt würde. So werde der Bedarf der deutschen Industrie beispielsweise an Kies und Sand, Steinen und Erden sowie Kali- und Steinsalzen weitgehend aus Rohstofflagerstätten in Deutschland gedeckt. Eine Ausweitung des Abbaus sei aber oft nicht möglich. Die Experten mahnen an, hier nicht prinzipiell ökologischen Belangen den

Vorzug zu geben, sondern unvoreingenommen abzuwägen und so die Ausweitung des Abbaus in Deutschland fallweise zu ermöglichen. (5), (6)

# Trends

## Preisrückgang bei Seltenen Erden

Die bis Mitte dieses Jahres stark gestiegenen Preise für Seltene Erden gehen wieder zurück. Bei den Verwendern der metallischen Rohstoffe sorgt diese Entwicklung für Aufatmen, denn die unverzichtbaren Rohstoffe hatten Rekordpreisniveau erreicht. Der Hauptproduzent China versucht allerdings, den Trend zu niedrigeren Preisen mit verschiedenen Maßnahmen zu stoppen. Die Gruppe der Seltenen Erden umfasst 17 Elemente und ist für die Produktion vieler High-Tech-Produkte wie Handys, Computer-Chips, Bildschirme, Katalysatoren und Windkraftanlagen unverzichtbar. Seit ihrem Höchststand sind die Preise für Seltene Erden um 60 Prozent zurückgegangen. (9)

# Fallbeispiele

## Rücknahmegesetz sorgt für Befürchtungen

Die Europäische Union plant, Einzelhändler auf die Rücknahme von Elektronikgeräten zu verpflichten. Auf diese Weise sollen die Recyclingquote in Europa erhöht und zugleich wertvolle Rohstoffe zurückgewonnen werden. Nach dem Willen des europäischen Parlaments sollen 2016 mindestens 85 Prozent des jährlich anfallenden E-Mülls gesammelt und ordnungsgemäß behandelt werden. Um dieses Ziel zu erreichen, sollen Einzelhändler kleine Geräte wie Mobiltelefone oder elektrische Zahnbürsten künftig auch dann zurücknehmen müssen, wenn der Verbraucher sie weder dort gekauft hat noch ein neues Gerät in dem Laden erwirbt. Die deutschen Einzelhändler halten diesen Plan jedoch für unverhältnismäßig und nicht durchführbar. (7)

## Zinn im Erzgebirge

Die Deutsche Rohstoff AG hat im Erzgebirge Erkundungsbohrungen nach Zinnvorkommen begonnen. Experten vermuten, dass sich in dem Gestein die größten nicht erschlossenen Zinn-Lagerstätten der Welt verbergen könnten. Schätzungen zufolge könnten die Zinnvorkommen im sächsischen Geyer und im vogtländischen Gottesberg 180 000 Tonnen schwer sein. Der Wert des Zinns betrage 2,7 Milliarden Euro. Beobachter der Bohrungen sprechen bereits euphorisch von einer Renaissance des Bergbaus in Deutschland. (10)

## Weiterführende Literatur

(1) Gemeinsam auf Rohstoffsuche
aus ProFirma, Vol. 14, Heft 11/2011, S. 50-53

(2) Gemeinsame Suche nach Rohstoffen
aus Frankfurter Rundschau vom 18.11.2011, Seite 13

(3) Riskante Zukunftstechnologien ROHSTOFFE
Neue Technologien erfordern andere Rohstoffe, bei denen jedoch häufig ein hohes Versorgungsrisiko besteht
aus WirtschaftsBlatt, 11.11.2011, Nr. 3985, S. 28

(4) Berlin will Rohstoffsuche subventionieren
Darlehen für Erkundungen von Vorkommen geplant // Brüssel prüft Zuschüsse // Rohstoffinitiative der Industrie stockt
aus Financial Times Deutschland vom 18.11.2011, Seite 9

(5) Wir müssen unsere eigenen Rohstoffe nutzen Der Naturschutz und der Abbau von Bodenschätzen brauchen in Deutschland eine neue Balance. Sonst

wird die Industrie immer importabhängiger
aus Financial Times Deutschland vom 26.09.2011,
Seite 24

(6) Die Rohstoffjagd
aus Sonntag Aktuell, 21.08.2011, S. 4

(7) Einzelhändler fürchten Elektroschrott-Pläne aus Brüssel
aus Sonntag Aktuell, 21.08.2011, S. 4

(8) Helaba: Tagung zum Rohstoffpreismanagement Risiken absichern
aus Die SparkassenZeitung, 11.11.2011, Nr. 45, S. 6

(9) Preisverfall bei Seltenen Erden
aus Handelsblatt online vom 22.11.2011

(10) Suche nach Zinn im Erzgebirge Deutsche Rohstoff AG bohrt an zwei Fundorten – Bergbau-Renaissance?
aus Nassauische Neue Presse vom 26.11.2011, Seite 1

# Impressum

## Rohstoffsicherung - deutsche Industrieunternehmen gründen Allianz

**Bibliografische Information der deutschen Nationalbibliothek**

Die Deutsche Nationalbibliothek verzeichnet diese Publikation in der deutschen Nationalbibliografie; detaillierte bibliografische Daten sind im Internet über http://dnb.d-nb.de abrufbar.

ISBN: 978-3-7379-1684-4

© 2015 GBI-Genios Deutsche Wirtschaftsdatenbank GmbH, Freischützstraße 96, 81927 München, www.genios.de

Alle Rechte vorbehalten. Dieses Werk ist einschließlich aller seiner Teile – z.B. Texte, Tabellen und Grafiken - urheberrechtlich geschützt. Jede Verwertung außerhalb der Grenzen des Urheberrechtsgesetzes bedarf der vorherigen Zustimmung des Verlags. Dies gilt insbesondere auch für auszugsweise Nachdrucke, fotomechanische

Vervielfältigungen (Fotokopie/Mikroskopie), Übersetzungen, Auswertungen durch Datenbanken oder ähnliche Einrichtungen und die Einspeicherung und Verarbeitung in elektronischen Systemen.